10代のための生きるヒント

みんなとちがっても大丈夫！

笹田夕美子

Shasta

はじめに

この本に書かれていることは、ある人には何かのヒントになることがあるかもしれませんが、ある人にはあたりまえすぎることで、ある人にはまったく的外れなことがツラツラと並べられていると感じられることでしょう。無責任なようですが、私はそんな受け取られ方が健全だと思います。

この本は、正しいことは何かと問う本でもなく、どうすればいいのかを示すハウツー本でもありません。手を離れたことばは、どう伝わっていくのかもわかりません。こっちから見た風景とあっちから見た風景は異なるわけで、言うなれば「正しくなくても、まぁ、いっか」、そんな本です。

私が臨床心理士として、生きづらさやなやみを抱えた子どもたちと向き合いながら感じた50個の生きるヒントを、気ままに読んでみてください。何かのきっかけになれば、とてもうれしく思います。

笹田夕美子

臨床心理士・公認心理師。1995年早稲田大学人間科学研究科修了。浜松市発達医療総合福祉センターで臨床心理士として勤務。専門は応用行動分析。2006年より臨床心理士、行動分析学者の奥田健次先生に師事し、2018年4月からは長野県北佐久郡御代田町にある行動コーチングアカデミーの児童発達支援事業所ハンナに勤務。プライベートでは、年に数回「ぶっとびアート」という子どもと子どもを取り巻く大人のための場づくりのワークショップを静岡県浜松市で実施している。著書に『発達障害かも!? うちの子って』（共著、シャスタインターナショナル）がある。

目次

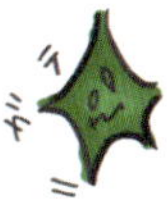

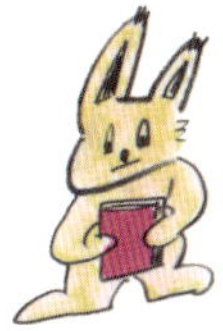

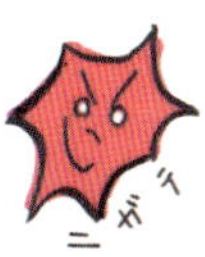

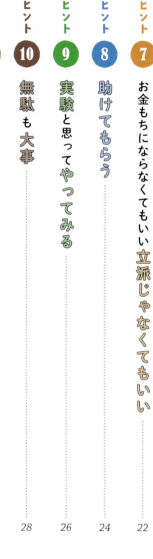

ボリボリ

生きるヒント
1

人と
ちがっても
いい

すべての人が同じことを考え、同じ価値観をもっていると、人類は滅びてしまうでしょう。

ちがうことは大事です。

ちがう考えや特性をもっている人たちは、人類にとって新しいアイデアや突破口を生み出す源なのです。

生きるヒント 2

すべてのことを がんばる必要はない

子どものころは、さまざまな体験や学びの機会があり、それらすべてについてがんばるよう求められてきました。

これは、大人になったときに自分で得意なことと苦手なことを見極め、好きなものを見つけられるようにするためです。

大人になってもずっとすべてのことをがんばり続ける必要はないのです。

生きるヒント 3

友だちはいなくてもいい

友だちはいてもいいし、いなくてもいいのです。対人関係のなやみにどっぷりつかってみるのもひとつの手段ですが、ひとりで楽しむことができるのも能力です。

ある女子大学生から、「京都でのゼミ旅行の自由時間に他の人たちとやりたいこともちがったので、ひとりで舞妓さん体験をしてきました」という話を聞きました。こんな旅の楽しみ方を知っているなんて、すてきだなぁと思います。

生きるヒント 4

自分に合った働き方・生活スタイルを選べばよい

1日8時間、週に5日働くというスタイルに慣れている人が多かったとして、それは大事なきまりではありません。

世のなかにはいろんな仕事がありますし、働く時間帯や長さもさまざまで、そのなかから選んでよいのです。働くとお金をもらえるのは、誰かの役に立っているからです。でも、無理をして、心や体のバランスをくずすほど働く必要はありません。

自分のこともまわりのことも大事にしながら、自分に合った仕事や働き方、趣味の時間の過ごし方、お金の使い方、休み方を見つけていきましょう。

ĝ
6

生きるヒント 5

好きなものを大事にする

好きなものは大事にしましょう。
好きなものがあるから、いやなことも
がんばれるのです。

好きなもののためなら、いやなことを
やってもいいかなと思えるくらいのもの
を見つけて、大事にする。それが人生を
ゆたかにするコツです。

（好きなものを大事にする方法はなかなか難しい
ので、このことについても考えていきましょう。）

フフフ
大事な大事な
ものさ。
ところで
フシギな
格好だね

生きるヒント 6

大人もまちがえる
親も、えらい人も、自分も
まちがえることはある

あ・失敗してしまった

しまった…

おこりすぎた

大人もまちがえることがあります。親も、えらい人も、自分自身もです。

しかも、けっこうまちがえてしまいます。わざとまちがえているわけではありません。よかれと思ってやっていても、まちがえてしまうことがあるのです。まちがえたときは、ばつが悪かったり、めんどうなことになったり、謝る必要があったりするので大変ですが、誰でもまちがえることはあるから仕方がないとつぶやきましょう。

まちがえた人を許し、自分も許し、もっとよい方法を探しましょう。

ときどき、まちがいから大発明をする人もいるので、まちがいも、実は人類の進歩とつながっているようです。

生きるヒント 7

お金もちにならなくてもいい 立派じゃなくてもいい

まずは、自分の日々の生活にどのくらいのお金が必要なのかを知ることが大事です。

家族と生活しているあいだは、家賃や光熱費、食費などは、大人が支払ってくれていたので、自分のもっているお金（おこづかい）は自分の好きなものを買うためだけに使うことができました。

しかし、本来生活にはお金がかかります。生活にかかるお金を得るために、仕事をすることも必要になります。人から「立派」と言われる仕事をして、お金をたくさんもつようになると、お

金のなやみや危険も増えます。また、大きな額のお金を使うようになると、それと同じくらいの額の借金をすることもあるかもしれません。

お金をたくさんもつことや、人から「立派な仕事をやっている」と言われることが人生の究極の目的とはいいきれません。自分が〝しあわせ〟と思う生活は、お金もちになることや立派になることとはちがう可能性があるからです。

生きるヒント 8

助けてもらう

生きていくうえで、すべてのことを自分でできる人はいません。大きな仕事を動かしている人ほど、必要に応じて適切に人に依頼することができます。

自分の得意なことと苦手なこと、自分でできることとかなりがんばらないとできないこと、自分でやらなくてはいけないことと人にお願いできることなどの視点で分けてみましょう。

自分ひとりでこれらを分類することが難しいようだったら、信頼できる人にお願いして、いっしょに整理してもらいましょう。そこから、助けてもらうことの練習が始まるかもしれませんね。

ワカラナイ
手伝って・・・
それは
黄色のケース
へ入れたら？
Good!
Bad
I can
Make push!
todo!
Help!

生きるヒント 9

実験と思ってやってみる

やってみたいけどうまくいくかどうかわからない、失敗するといやだなぁと思うことは誰しもあります。

でも、チャレンジしてみたいことがあったら(それが、犯罪や倫理に反することでなければ)、「実験」と思ってチャレンジしてみましょう。うまくいかなくても大丈夫。そこから学ぶことがかならずあります。

失敗したとしても、必要以上に傷つく必要はありません。そして、大きな決意もいらないのです。実験ですから。

うわっ
カエル
クモ
サソリ
うわ〜
それ
大丈夫なの？
失敗？

生きるヒント 10

無駄も大事

車のハンドルは、少し操作しただけではタイヤの角度が変わらないようになっています。これを、ハンドルの〝遊び〟といいます。

また、本などにおける文章のまわりの白い部分を〝余白〟といいます。

〝遊び〟や〝余白〟は、一見無駄に見えますが、実は安定感や事故防止、見やすさなど、それぞれ大事な役割をもっています。

役に立っていないように見えても、思いがけないときに助けられることがあります。あのとき休んでおいてよかった、やっても意味がないと思っていたけれど、やっておいてよかった……なんてことが長い人生のなかでひょっこり現れ、つながってくることがあります。

生きるヒント 11

趣味は仕事
仕事は趣味

「大きくなったら何になる？」という質問は、小さいころから何回も聞かれてきたと思います。パティシエ、お医者さん、電車の運転士、お笑い芸人……。最近ではYouTuberなども人気の職業のようです。

好きなことを仕事にするのもひとつの方法ですが、大事な趣味の世界は誰にも干渉されないように守った方が楽しいかもしれません。仕事はそれ以外の、自分にとって苦手ではないことから選ぶ方がよいという考え方もできますね。

生きるヒント 12

まぁ、いっか 死ぬほどのことはない

「どうして」「絶対いやだ」「信じられない」「絶望だ」「許せない」……そんな考えが浮かんできたら、魔法のことば「まぁ、いっか」と言ってみましょう。そう思えなくてもいいので、まずは声に出して言ってみましょう。

ことばにすることで、じわっと気持ちがついてくることもあります。気持ちを変えることはなかなか難しいですが、ことばにしてみることは、自分の意志でできます。

まぁ、いっかー

生きるヒント 13

許す 許容する

新しい服につけてしまったシミを、私がクヨクヨと気にしていたとき、ある人が教えてくれました。

「そのことを〝許容〟してみましょう。それができないようでしたら、そのことが許容できない自分を許容してみましょう。それもできないようでしたら、それすらできないことを許容してみましょう。そうやっていくと、どこかで今の自分がそれなら許容できるかなという境界線が見えてきます……」と。

そこで、「まぁ、いっか」です。

怒りが収まらないとき、気になることが頭にこびりついているようなとき、許容すること、許すこと、「まぁ、いっか」……を思い出してみましょう。

ん〜 なんかもー まあ いっかな
ん〜
まぁ…なぁ…
ん〜でもさぁ…
クヨクヨ クヨクヨ クヨクヨ

生きるヒント 14

今日は よくがんばった

いろいろあったけど、今日の自分ができるベストのことをやったはず。

サボったり、失敗したり、いやになることがあったとしても、また次に生かしていけるはずです。

「いろいろあったけど、そのなかで今日も自分はよくがんばった」、毎日そうやって自分をねぎらって眠りましょう。

おつかれさま
今日も
がんばったね
あなたも
よくがんばったわ

生きるヒント 15

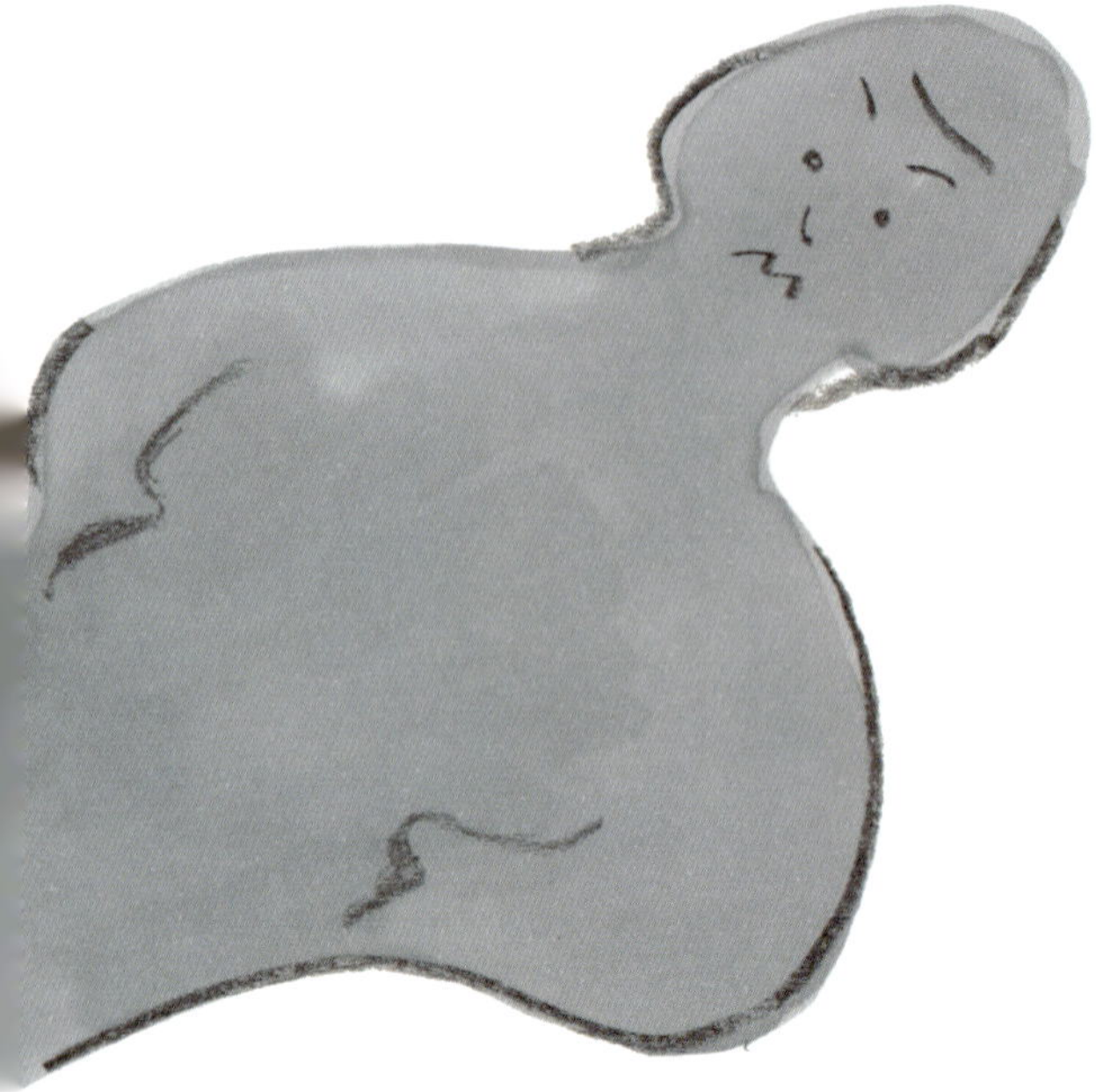

誰かが見ている 自分が見ている

かくしごとやうそ、ごまかしたくなるようなことがあります。そんなときは、大抵誰かが見ています。

誰も見ていなくても、自分自身は自分のやっていることを、かならず見ています。

うしろめたい…
ドキドキドキドキ

生きるヒント 16

体調不良は「休め」のサイン

健康面に自信があると無理をしてしまい、大きな病気になるまで気がつかないかもしれません。ちょっとした体調不良は、がんばりすぎや疲れ、休めのサインです。

特に、楽しいことをやっているときは夢中になって体の悲鳴を無視してしまいがち。体調不良のときは、無理をしていないか見直してみましょう。

あっ！
体のサイン
でてるよ

生きるヒント 17

おもしろがる

「なんであんなことするのだろう！」「信じられない！」「イライラする！」「もうダメだ」「あんなことを言われた」「大失敗しちゃった」というようなときは、その最後に「おもしろい」とつけてみましょう。

「あんなことでイライラしちゃう私って、おもしろい！」「もうダメだ、こんな状況になるなんておもしろすぎる」という感じで。

目の前の状況に混乱して自分の感情にのみ込まれることをふせぎ、出来事と自分とのあいだに、スキマをつくるきっかけになるかもしれません。頭を働かせて次の手を考えるには、このスキマをつくることが大事です。

生きるヒント 18

好きじゃないこと
のなかにも
好きなことは
見つけられる

人に会うのは苦手だけど、あの人に会うのは楽しみ。

シュレッダーにかけるのはめんどうだけど、紙がザクザク入っていくのを見るのは好き。

掃除はきらいだけど、モップをかけるのは好き。

病院に行くのはいやだけど、病院の前にあるケーキ屋さんに寄れるのは楽しみ。

このような調子で、好きじゃないことのなかにある好きなことを見つけてみましょう。

生きるヒント 19

休むのも技術

たおれるまで、働き続けたり、ひとつのことをやり続けたりしてしまうのは、命にかかわる大問題です。

休憩や休日を取りましょう。休憩や休日があるから、それ以外のことをがんばることができます。休みばかりだったらいいなぁと思うことはあるけれど、実際に休憩や休日ばかりだとそれはそれで楽しめないこともあります。

大事なのはバランスです。

やりたいこと、やらなくてはいけないことに取り組むときは、計画的に上手に休息も取りましょう。

生きるヒント 20

自分の気持ちも大事にする

他の人がどう思っているかや、自分はどうすべきかを気にしはじめると、それにしばられてしまって、自分が今感じている気持ちがわからなくなることがあります。

これが好きなのか、きらいなのか、楽しいのか、いやなのか。

人のことを考えることも大事ですが、自分の気持ちも同じくらい大事にすることが必要です。

ワタシのキモチを大切にする

生きるヒント
21

みんながわかってくれなくても、わかってくれる人もいる

わかってくれない人がいて悲しくなることもありますが、わかってくれる人も、かならずいます。

みんなが同じ考えでないのは、自然なことです。

生きるヒント 22

正直であること

かくしごとは、心と体の借金のようなものなので、ずっと抱えているとむしばまれます。

怒られるのはいやだけど、正直に伝えることで心のなかに抱えていたモヤモヤから解放されて、ほっとすることもありますよね。

心が軽い…
ダメでしょ
ゴメンナサイ
カクシゴト

生きるヒント 23

そういうときもある
そんな日もある

いやなことばかりの日は、そうつぶやいて手放して、もう寝ましょう。

明日は、新しい１日がはじまります。

こんな
日もある。
今日はもう
ねよっと！

生きるヒント
24

できないことがあってもよいできるところでお礼をする

自分が苦手なことで、人にお願いできそうなことはお願いしてみましょう。そのかわり、その人にお礼のことばを伝えましょう。

そして、その人のために自分のできることや得意なことでお返ししましょう。

すぐにお返しの方法が思いつかなかったら、しばらくそれを抱えておき、お返しできる機会を探していきましょう。また誰か他の人が困っているときに、自分のできることを提供することがお返しとなることもあります。こうして世のなかはまわっています。

生きるヒント 25

人に任せる

人に任せることも、生き抜くための大事な技術。
自分の手に負えないことがあったら、早めに助けを求めましょう。

生きるヒント 26

考えても仕方ないことを考え続けてしまうときは、誰かに相談する

考えても仕方がないこと、どうにもできないことを考え続けてしまうときは、一度誰かに相談して、自分のなかにあるものを吐き出すことが必要です。

お医者さんやカウンセラーなど、専門家の助けが必要なときもあります。

生きるヒント 27

逃げるのも悪くない

死ぬことに比べれば、逃げるのもぜんぜん悪くない。

生きるヒント
28

「今、話してもよいですか？」と聞いてみる

「わからないことがあったら、勝手に判断しないで、まずは聞きなさい」と言われたから聞いたのに、「学生じゃないのだから、なんでも人に頼るな」と叱られて、どうしたらいいかわかりません……と、初めて社会人になった人から相談されたことがあります。

わからないときは、やはり、聞いた方がよいでしょう。ただ、相手に手間を取らせてしま

うことにはちがいありません。
まずは「今、話してもよいですか？」と聞き、了解をもらってから話しはじめるようにしましょう。
相手が忙しそうなときには、「どこかでお時間をいただければ、○○についてご相談したいのですが」と伝えてみましょう。10秒で用件を伝えられる方法です。

生きるヒント 29

頭のなかがぐるぐるするときは、書き出してみる

頭のなかにいろんな考えがあると、本当に考えなくてはいけないことや、今の自分にとって必要なことを生み出すスペースがなくなります。

そんなときは、頭のなかにあることを書き出してみましょう。箇条書きでも、単語でも、何回同じことを書いても大丈夫。スッキリさせるために、頭のなかのものを一回外に出す必要があります。

誰かに聞いてもらうのも、そのためのよい方法ではありますが、相手を見つけられなかったり、相手のことばにさらに混乱してしまったりするリスクもあります。

書き出すことで頭の整理をする最大のメリットは、ひとりでできるという点にあります。

生きるヒント 30

好きな気持ち 好きな子 好きな人との 距離感

人には、パーソナルスペースというものがあります。他人に近づかれると不快に感じる空間のことです。

これは、性別やコミュニティの文化や民族、個人の性格や、その相手によっても差があるといわれます。基本的には、腕を広げたときにぶつからないくらいの距離をイメージするとよいでしょう。

好きな人には近づきたくなったり、ずっと見ていたい気持ちになったりしますが、一方的にこのパーソナルスペースに踏み込むと、不快感や不信感を相手に感じさせ、きらわれてしまうことが多いです。

自分が好意をもっていても、急に近づきすぎるのは失礼です。

あーそーぼー
えっ!

生きるヒント 31

こんなとき
〝あの人〟だったら、
なんて言うかな？
と考えてみる

尊敬する人、信頼できる人、相談したい人がいる場合、いつでもその人が相談に乗ってくれると助かりますが、そうはいきません。

〝あの人〟だったら、なんて言うかな？と考えてみたら、頭のなかに何かことばが浮かんできませんか？

生きるヒント 32

イライラしているときには、人から離れる

自分がイライラしているときには、言ってはいけないことや、ふだんは言わないはずのことを言ってしまうことがあります。特に身近な人には、やつあたりしてしまいがちです。

また他の人が近くにいると、自分のイライラが収まるまでに、余計に時間がかかることもあります。

イライラしているときには、人から離れることです。

イライラ

生きるヒント 33

イライラしている人からも離れる

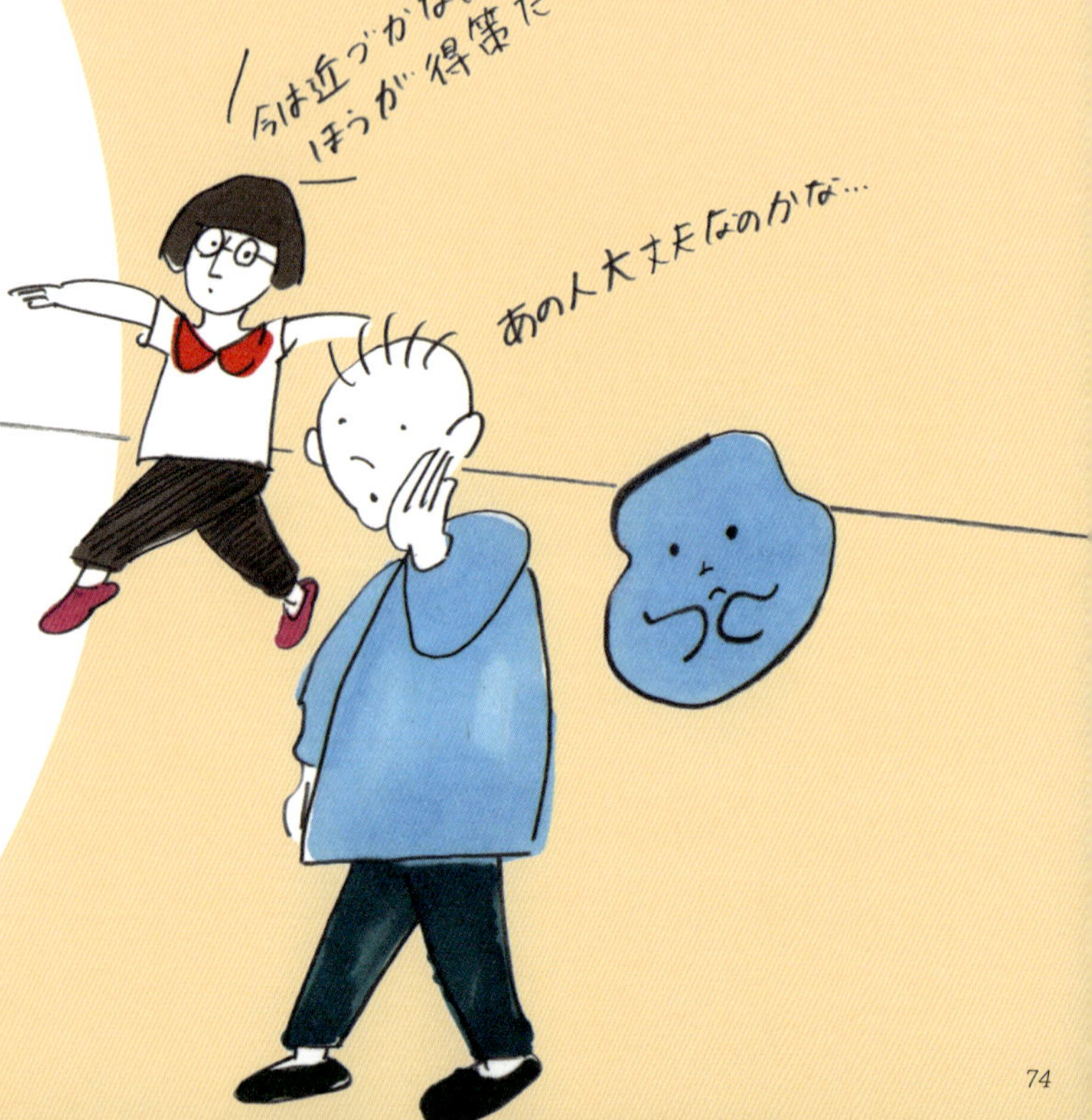
今は近づかないほうが得策だよ

相手がイライラしている場合もあります。こういうときに一歩踏み込むと、やつあたりの対象になってしまいがちです。

イライラしている人がいたら、離れましょう。

生きるヒント 34

できたことを数える

元気がないときは、できたこと、やったことを思い浮かべて数えましょう。

とても元気がないときには、自分のことを「すべてがダメだ」「何もできない」と思いがちです。そんなときは、誰か身近な人に、あなたができたことを言ってもらうといいですね。

立派なことじゃなくても、たとえば、毎朝同じ時間に起きているとか、好きな番組は欠かさず見ているとか、そういったことからです。

今日は
5こも
できた!!
5
4
3
2
1
今日は
あれもできて
いたねぇ

生きるヒント 35

自分の〝チャンネル〟の切り替え方を覚える

テレビを見る、活字を読む、音楽をきく、目をつぶる、ランニングをする、自転車に乗る、外へ出る、映画を見る、海に行ってさけぶ、数を数える、計算をする、お経をとなえる、ふとんに入る……。

いやなことがあったときやおちつかないときに、あなたのチャンネルを切り替える方法を、見つけておきましょう。

できればいくつかあるといいですね。他の人はそういうときにどうしているのかを聞いてみると、もっとよい方法が見つかるかもしれません。

生きるヒント

36

苦手な人からは離れる

すべての人と仲良くしなくてもいいのです。

苦手な人からは離れる。距離を取りましょう。

生きるヒント 37

自分の弱点と強みは先に言っておく

学校や職場で、共同作業をする必要がある人には、自分の弱点と強みは先に伝えておくとよいでしょう。

「空気や状況を読むのが苦手ですので、無神経なことをしてしまうことがあるかもしれません」

「気がきかないと言われますが、指示されたことは、精一杯がんばってやります」……など。

ワタクシ 朝と昼は動けませんが夜は得意なのでぜひよろしく!!
イヤイヤ〜… 夜だけっていうのはちょっと…

生きるヒント 38

最悪の事態になっても なんとかなる

絶体絶命、もうダメだと思ったとしても、結果、なんとかなります。

私もこれまで夜中に思い出すと「オエッ」と吐きそうになるようなことや、恥ずかしい、大きな失敗をたくさんしてきました。

なかには死にそうにつらいと思うようなこともありましたが、どれもこれも死ぬほどのことではありません。

どうしよう〜
大丈夫
大抵なんとかなるもんよ。
ボリボリ
絶体絶命

生きるヒント 39

自分と他の人は別の人間
他の考えをもっている

わかっているはず、どうしてわかってくれないんだ……という考えは、不幸な行きちがいを生みます。

自分と他の人は別の人間。必要なことは言わなければ伝わらないということを前提に話をしましょう。

相手も理解してくれているはずという思い込みや期待は、誤解と怒りのもとです。

生きるヒント 40

突き抜ければ、それは才能

一見へんてこなことも、これが何の役に立つのだろうと思うようなことも、とことん突き抜ければ才能と呼ばれることがたくさんあります。

つきぬけろー

生きるヒント 41

かくしていることから、伝わってしまう

むかしむかし、親友にも誰にも、一度も口に出さなかった片思いの相手の名前……。

しばらくぶりに会った友人に、実はあのころ……と言ってみると「知ってたよ」と言われ、悟りました。

伝えたいことは、言わなければ伝わりませんが、かくしておきたいことはバレるのだな……と。そんなものです。

生きるヒント 42

自分の〝べき〟と人の〝べき〟はちがう

自分が大事にしているもの、あたりまえだと思うこと、こうあるべきだと考えていることと、

相手の大事、あたりまえ、こうあるべきは、ちがいます。

全然ちがうね
わたしのべき
私のべき

生きるヒント 43

人は忘れることもある

誰でも忘れてしまうことはあります。だから、自分が忘れてしまったときには、言い訳するよりも謝りましょう。

そして、もう忘れないための工夫（メモをする、アラームをセットするなど）を考えましょう。

生きるヒント 44

悲しませたくない人を思い出す

犯罪を犯してしまった子どもたちを矯正するお仕事をしている人から、「悪いことをしてしまいそうなとき、誰かの顔が浮かぶかどうかがとても大事」という話を聞いたことがあります。

そうかもしれないなぁとすごく思いました。自分だけのためなら、どんなときでも自分があきらめてしまえば終わりですが、あの人のことは裏切りたくない、悲しませたくない、あの人が聞いたら怒るだろうなぁ……そう思える人がいれば踏みとどまれるかもしれません。あなたの頭に浮かぶ人は誰ですか？

ダメだ
悲しむ人たちが
いるから…

生きるヒント45

気がつかないところでお世話になっていることがある

スリッパをそろえてくれていたり、ゴミを捨ててくれていたり。

掃除をしてくれていたり、必要なものを準備してくれていたり。

忘れたものを届けてくれていたり、帰りを待ってくれていたり。

気がつかないところであなたのことを気にかけてくれる人がいます。

いつも
靴がピカピカだよね!
えっ!?
そうかな?

生きるヒント 46

気がつかないところで迷惑をかけていることがある

カバンがぶつかっていたり、通る人のじゃまになっていたり、あなたの後ろの順番の人を長く待たせていたり、ルールとは違うやり方をしていたり。

自分が知らないことすら知らない、まったく気づいていないところで、誰かに迷惑をかけていることがあります。

生きるヒント 47

あいさつをする

特に用事や話はないけれど、何も言わずに通りすぎるのは感じが悪い。

そんなとき、あいさつは便利です。きまりことばを言えばいいのですから。

あいさつは、自分の都合がよいタイミングですることが多いものです。だから、相手があいさつをしないからと怒るのは実はナンセンスです。

マイルール（自分のきめごと）があってもよい

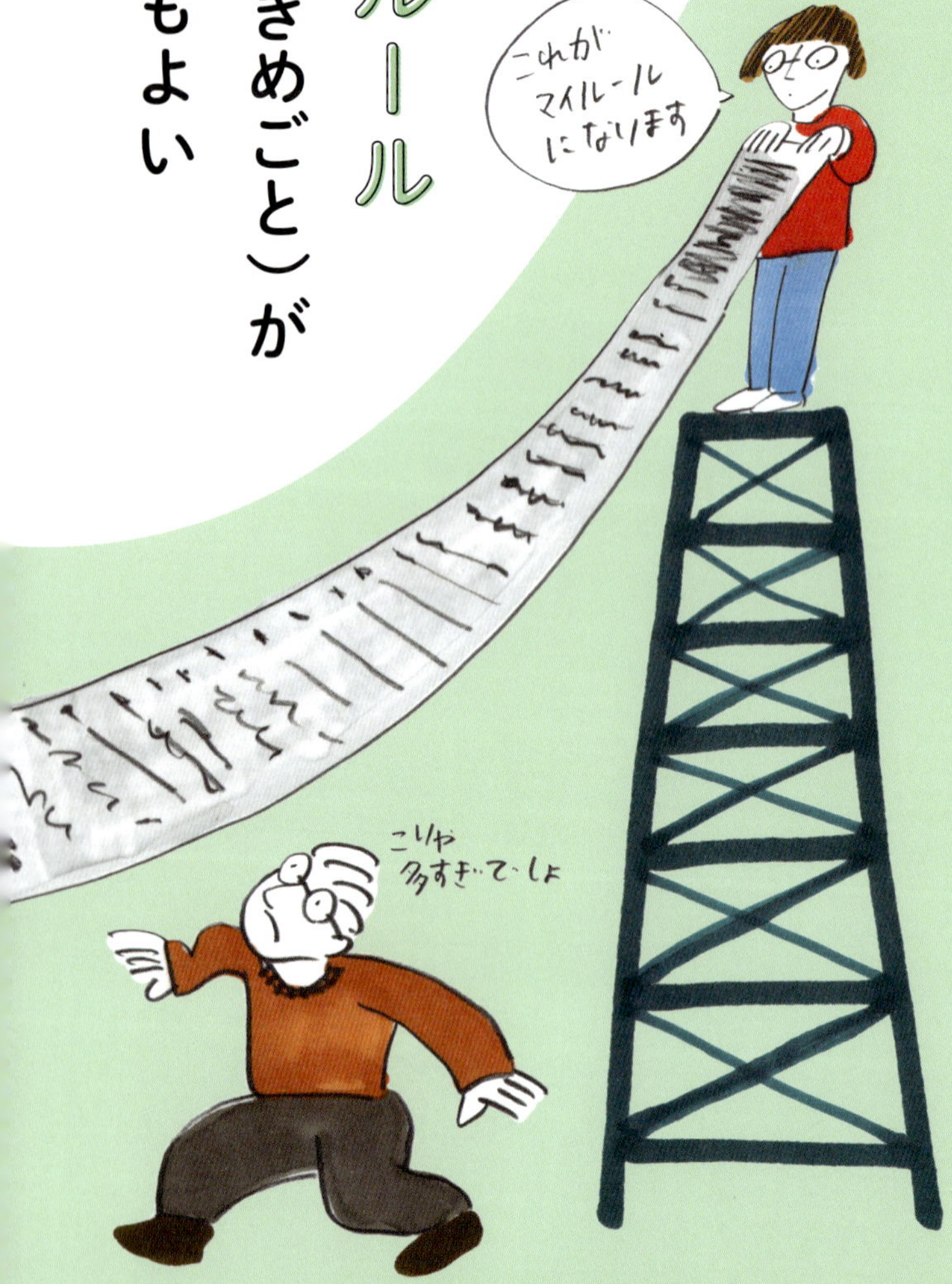
これが
マイルール
になります
こりゃ
多すぎでしょ

朝起きたらやることとその手順が決まっている、決めたことを守りたい、二度と同じ失敗をしたくないからこうすることに決めている、これとあれはいっしょにしない……など、自分のきめごと＝マイルールがあってもいいのです。

ただし、マイルールは、自分だけのきめごと。けっして他者に強要しないことです。共同生活をするときには、マイルールと他の人のルールの折り合いがつかないこともあります。

どうしてもいやなことは、誰か信用できる人にあいだに入ってもらって、話し合いましょう。

生きるヒント 49

考えることは自由

悪いこと、ずるいこと、卑怯なこと、いやらしいこと、ごまかしたいことなど、いろんな考えが浮かぶことがあります。そのたびに自分を責める必要はありません。

超能力者でない限り、何を考えても、考えただけで人に影響を与えることはないのです。考えてしまったことを悔やんだり、自分を責めたりする必要はありません。

生きるヒント 50

考えのちがう人がいることが健全

世のなかには、自分とはまったく違う価値観の人がたくさんいます。そのなかで、何かを決めようとするときには、折り合いをつけなければならないので手間がかかります。

ただ、意見や立場が違う人がいることで、いろんな角度から検討がなされ、社会やコミュニティが成熟していくという側面もあるでしょう。

それは、考えのちがう人がいることが健全である証拠でもあります。

ちがう意見の人、好みじゃないもの、価値観のちがうものがあることで、かえって自分の意見、好み、価値観や考えが明確になるかもしれません。

相手を認めることは、その人と同じになること、好きになること、賛成することや、負けること、仲良くすることとも異なります。

自分のまま、相手のまま。ちがいを排除しないこと。これが知恵が生まれる源で、多様性を認め合うことの始まりだと思うのです。

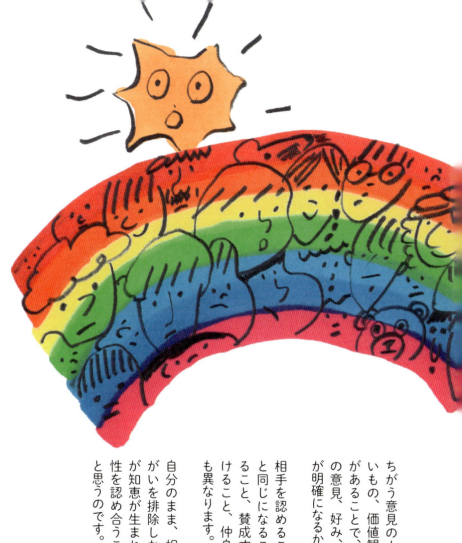

この本で伝えたかったこと

私の仕事は、ことばの遅れ、こだわり、おちつきのなさ、発達のアンバランスさなど、発達障がいと呼ばれる特有の性質のある子どもたちやご家族とお会いして、相談を受け、作戦を考え、ときにはいっしょに練習をすることです。独特の感覚や特有の性質のある人は、集団のなかで、いわゆる平均的な生活を目標にすると、それだけでとてもたいへんです。目の前のルールに真正面からぶつかって、混乱してしまうこともしょっちゅうです。発達障がいのある子どもたちは、私たちが抱える生きづらさを、拡大鏡のように見せてくれます。その子どもたち（ときには、すでに成人して働いている人もいましたが）に向き合うたびに、生きていくうえで本当に大事なことは何だろうと考えました。大事なこと、変えられないものと思い込んでいたことが、実はそれほど大事ではないかもしれない。あたりまえと思っていたことも絶対ではないかもしれない。問題行動と呼ばれていた行動も、状況、背景、文脈、取り巻く人たちの価値観によって、問題ではなく魅力や強みとなる。そのような場面も、目の当たりにしました。

発達障がいのある子どもたちとのやりとりで、私は凝りかたまった頭をずいぶんもみほぐされたような気がします。自分自身のややこしい感情や特性を乗りこなすための工夫やアイデア、まわりの人の大事なものとの折り合いのつけ方、状況の読み方を知ることは、目の前の子どもたちだけでなく、私が生きていくためのヒントにもなっています。しかし、これが誰かの何かのヒントになるのだろうか……。迷いだらけの私の拙文を読み、編集者の戸田賀奈子さんは丁寧に企画を整えてくださいました。貴重な機会を与えていただきありがとうございました。デザイナーのウエダトモミさんはセンスよくアイデアをふくらませてくださり、イラストレーターの友野可奈子さんは、柔らかに、ことばがそれぞれの人の日常に着地していくようなイラストを描いてくれました。クリエイティブな発想とスキルと熱意で仕上げられた本は、私の想像を超えた作品になっており、あらためて、私も読者として楽しませていただきました。

最後に、これまで出会った子どもたちとご家族に感謝します。平均的、一般的な〝正しさ〟にとらわれず、その子・その人・それぞれの〝しあわせ〟な人生でありますようにと祈っています。

Staff
デザイン　ウエダトモミ（BOB.des'）
イラスト　友野可奈子
校　正　志村かおり　水戸千秋

10代のための　生きるヒント

みんなとちがっても大丈夫！

2019年12月31日　　第1刷　発行

著　者　笹田夕美子

発行者　林　定昭
発行所　シャスタインターナショナル
〒203-0013　東京都東久留米市新川町2-8-16
電話　042-479-2588（代表）
https://www.shasta.co.jp
印刷所　株式会社 光邦

ISBN978-4-908184-26-0 C0037